BIBLIOTHÈQUE DE L'ART ET DE LA CURIOSITÉ

MARIUS VACHON

LE PALAIS

DU

CONSEIL D'ÉTAT

ET DE LA

COUR DES COMPTES

PARIS

A. QUANTIN, IMPRIMEUR-ÉDITEUR

7, RUE SAINT-BENOIT

1879

L'ART FRANÇAIS

PENDANT

LA GUERRE DE 1870-1871 ET LA COMMUNE

II

LE PALAIS

DU

CONSEIL D'ÉTAT

ET DE LA

COUR DES COMPTES

CETTE ÉDITION A ÉTÉ TIRÉE A 300 EXEMPLAIRES

NUMÉROTÉS A LA PRESSE

    N° 1.   Sur peau vélin.

    Nos 2 à 16.   Sur whatman.

    Nos 17 à 31. Sur chine.

    Nos 32 à 300. Sur hollande.

Le n° 1 a trois suites de gravures, les nos 2 à 31 deux suites, les nos 32 à 300 une suite.

EXEMPLAIRE N°

ESCALIER D'HONNEUR DE LA COUR DES COMPTES

MARIUS VACHON

LE PALAIS
DU
CONSEIL D'ÉTAT
ET
DE LA COUR DES COMPTES

QUATRE FAC-SIMILE ET UNE EAU-FORTE

PARIS

A. QUANTIN, IMPRIMEUR-ÉDITEUR

7, RUE SAINT-BENOIT

1879

LE PALAIS
du
CONSEIL D'ÉTAT
et de la
COUR DES COMPTES

I

E palais du Conseil d'État et de la Cour des Comptes, situé sur le quai d'Orsay, a été le premier monument détruit par l'incendie, dans les néfastes journées de mai 1871. C'est par là qu'a commencé cette série d'épouvantables sinistres qui ont anéanti tant d'œuvres d'art et tant de richesses de tout genre. Sans avoir, au point de vue artistique et

historique, la même importance que les Tuileries, l'Hôtel de Ville, le Palais de Justice, etc., le palais du Conseil d'État et de la Cour des Comptes n'en était pas moins très intéressant comme œuvre d'architecture, et ne saurait être passé sous silence dans l'inventaire des pertes subies par l'art français pendant la guerre de 1870-1871 et pendant la Commune, que nous avons entrepris. Ce Palais contenait, en outre, des œuvres d'art d'une haute valeur, qui méritent d'être sauvées d'un oubli injuste. Nous croyons donc utile de lui consacrer particulièrement quelques lignes.

II

La construction du palais fut commencée en 1810, sous la direction de l'architecte Bonnard. Napoléon avait pris lui-même une part très active à la rédaction des plans. Il ne se contentait point d'approuver ou de rejeter ceux qui lui étaient soumis, il les modifiait de sa main. Le monument était destiné primitivement au ministère des affaires étrangères. Les travaux furent suspendus pendant la Restauration; on ne les reprit que la dernière année du règne de Charles X. Louis-Philippe les fit pousser activement, et affecta le palais au Conseil d'État et à la Cour des Comptes. A la mort de Bonnard, il en confia la direction à Lacornée, qui apporta de sensibles modifications à l'œuvre de son maître. La construction fut terminée en 1842. Les dépenses totales s'étaient élevées à plus de douze millions.

Le palais, dont les murs sont encore entièrement debout, forme un immense quadrilatère compris entre les rues Bellechasse, de Poitiers, de Lille et le quai d'Orsay. Il a deux étages. Le rez-de-chaussée est d'ordre dorique-roman avec colonnes engagées. L'ordre ionique règne au premier étage; une attique genre Renaissance forme le deuxième étage. La façade principale se trouve sur la rue de Lille. Deux avant-corps forment une faible saillie sur le centre de la façade, et donnent un aspect plus imposant et plus de largeur à l'entrée du palais. Dans toute la longueur de cette façade en retrait, dix-neuf arcades à jour forment un portique qui précède la grande cour d'honneur. Le rez-de-chaussée est élevé d'environ deux mètres, hauteur des piédestaux qui supportent les colonnes de l'ordre dorique. On y accède par des perrons qui se trouvent dans les corps de logis à droite et à gauche de la cour d'honneur. Sur cette façade, les arcades du premier étage sont à jour comme celles du *rez-de-chaussée*, et forment ainsi une *loggia* d'un assez monumental aspect. La façade sur le quai d'Orsay est en avancée de plusieurs mètres sur les massifs des constructions, et est entourée d'une espèce de préau, garni d'une grille. Elle comprend, au rez-de-chaussée et au premier étage, dix-neuf arcades vitrées. Le deuxième étage est pourvu de croisées carrées, pratiquées dans l'attique. Les deux avant-corps sont ornés de pilastres au lieu de colonnes engagées, comme cela existe sur la façade principale. Les façades sur les rues

Bellechasse et de Poitiers sont peu en harmonie avec celles-ci, et ne présentent point de décoration. Le palais a trois cours : la cour d'honneur et deux autres qui servaient de dépendances.

Le Conseil d'État occupait le rez-de-chaussée et une partie du premier étage; la Cour des Comptes le reste de l'édifice. Malgré l'heureuse disposition de certaines parties, le palais ne présentait point une physionomie d'ensemble très agréable. La construction paraissait lourde, écrasée et monotone. Les Parisiens ne semblent pas outre mesure désolés de son incendie, et ne considéreraient point certainement sa démolition complète comme une perte fâcheuse et irréparable pour l'art. « Jamais, disent-ils avec une certaine pointe d'ironie, le palais du Conseil d'État n'a été si beau et si pittoresque que depuis qu'il est incendié. »

Lorsque la Commune se fut installée à l'Hôtel de Ville, elle délégua au Conseil d'État un avocat assez inconnu nommé Peyrouton. Peyrouton s'empressa de prendre possession de ses nouvelles fonctions. Il se présenta au palais du quai d'Orsay, accompagné de quelques personnes qu'il avait choisies pour secrétaires et employés. Il y fut reçu par le chef du matériel, M. Noël, auquel il déclina ses nouveaux titres et qualités; et ordonna de lui faire visiter l'édifice de fond en comble. M. Noël s'exécuta. Pendant sa visite, Peyrouton et ceux qui l'accompagnaient, découvrirent une grande armoire de fer, scellée dans le mur et fermée par deux énormes serrures. Ils en réclamèrent les clefs au chef du matériel, qui déclara ne pas les avoir en sa possession. Peyrouton envoya quérir le serrurier habituel du Conseil d'État. Ayant reçu l'ordre d'ouvrir l'armoire, celui-ci répondit par un refus catégorique.

« Vous ne reconnaissez donc pas la Commune? lui dit le délégué au Conseil d'État.

— Je ne vous reconnais ni vous ni la Commune, répondit l'ouvrier; je n'ai d'ordre à recevoir que de M. Noël. » Ce dernier, pressé par Peyrouton, consentit à ordonner d'ouvrir l'armoire. Il pouvait le faire sans inconvénient, cette armoire n'ayant jamais contenu que les registres de l'état civil de la famille impériale. M. Noël avait eu la précaution d'enlever ces registres et de les cacher au milieu de vieux papiers, aux archives, où malheureusement ils ont été brûlés. L'armoire ne put être ouverte qu'après un travail des plus longs. Peyrouton n'y trouva que quelques lettres autographes de Napoléon Ier, d'autant plus précieuses, il est vrai, qu'elles n'ont jamais été publiées. Il les envoya très scrupuleusement au délégué de l'Intérieur. Après l'entrée des troupes de Versailles, ces lettres furent retrouvées à l'hôtel de la place Beauveau, par le chef du service intérieur, et remises à M. Thiers. D'après les renseignements que nous avons recueillis auprès de l'illustre défunt, le dossier qui contenait ces documents historiques fut renvoyé par ses soins au fils du donataire, M. Boulay de la Meurthe, qui en a fait présent aux nouvelles archives du Conseil d'État.

Pendant toute la période de la domination de la Commune, le fameux Conseil d'État, qui se résumait en Peyrouton et deux ou trois personnes, ne tint pas d'autres séances que celle-ci. La conduite du délégué au Conseil d'État fut d'ailleurs très convenable. Peyrouton, qu'un conseil de guerre en 1872 condamna sévèrement, était un homme de caractère paisible et fort inoffensif; il ne commit aucuns sévices contre les employés demeurés à leur poste, et resta complètement étranger à l'incendie du palais.

Le 22 mai la résistance contre les troupes de Versailles qui occupaient Passy, Auteuil, l'École militaire, fut jugée impossible par les chefs militaires de la Commune; mais avant de se retirer ils résolurent de faire sauter le quartier. Dirigés par Mégy et Eudes, les fédérés pénétrèrent dans le palais du Conseil d'État. Tous les murs des salons, du rez-de-chaussée aux combles, furent badigeonnés de pétrole. On roula un tonneau de poudre dans la grande salle des séances. Les archives de la Cour des Comptes, situées de l'autre côté dans la rue de Lille, reçurent ensuite leur visite. Les mêmes préparatifs d'incendie étaient exécutés simultanément à la caserne d'Orsay, à la Caisse des dépôts et consignations, au palais de la Légion d'honneur, dans les maisons du coin de la rue du Bac et de la rue de Lille. A six heures du soir, le général Eudes donnait le signal convenu : une sonnerie de clairon retentit; le feu éclata sur tous les points du quartier, et les fédérés se replièrent sur l'Hôtel de Ville, laissant derrière eux l'incendie. Ce ne fut que grâce au courage héroïque de deux personnes, un cocher de la rue de Lille, M. Cartier, et un employé de la Légion d'honneur, M. Rochaix, que le quartier échappa à une destruction complète. Ils purent enlever de la Légion d'honneur les barils de poudre et les substances explosibles, destinés à faire sauter l'hôtel et tous les alentours en même temps.

Le palais du Conseil d'État fut entièrement consumé avec tout ce qu'il renfermait. Rien n'en put être sauvé. Il n'en reste plus aujourd'hui que les murailles dénudées et rongées par les flammes et les intempéries.

III

En l'absence de tout inventaire, nous avons dû faire appel aux souvenirs et à l'obligeance des personnes familières avec le palais, et rechercher, avec la plus grande peine, les rares documents, épars çà et là, concernant sa décoration. Si quelque chose nous a échappé, nous avons du moins, grâce à la bonne volonté que nous avons rencontrée partout, pu réussir à former un catalogue comprenant toutes les œuvres principales qui ont été détruites. A défaut d'autres mérites, notre travail aura celui, croyons-nous, d'être très exact, et complet dans la mesure du possible.

L'œuvre artistique la plus considérable du palais du quai d'Orsay était les peintures que Théodore Chassériau avait exécutées dans l'escalier d'honneur de la Cour des Comptes.

Dans un article publié en 1848 par le journal *la Presse*, Théophile Gautier a décrit longuement et avec son style étincelant l'œuvre capitale de son ami ; nous ne pouvons mieux faire que de reproduire en entier cette page :

« A droite, sous la voussure baignée par le demi-jour d'une ombre pâle, s'offre une espèce de carton moitié tableau, moitié bas-relief en grisaille, représentant un écuyer qui détache des chevaux de guerre liés à des branches d'arbres ; sur le devant sont entassés des monceaux d'armures. Ce morceau, traité dans le goût antique, a beaucoup de style et de grandeur.

« En face, dans le panneau oblique qui monte avec l'escalier, le Silence, personnifié par une belle femme, le doigt sur la bouche, indique le respect dû à un endroit sérieux. C'est en quelque sorte le *genius loci*, l'initiatrice calme et sérieuse qui prend par la main le visiteur tout assourdi encore des bruits de la rue, et l'invite à gravir les degrés d'un pas recueilli. Un peu plus loin, la Méditation rêve sur le gazon à l'ombre de grands arbres, et laisse tomber une fleur qui s'effeuille dans l'eau noire et profonde, où se réfléchit la cime des forêts. A quelques pas de la Méditation, l'Étude, la tête penchée sur un grand livre, dépôt des connaissances humaines. La gradation est parfaitement observée. .

. . . .

« Ainsi accompagné par ces grisailles, on arrive au premier palier, où sont encastrées dans le mur deux inscriptions gothiques, et d'où l'on aperçoit le coup d'œil général. Le jour s'enfuit.

LA GUERRE.

Esquisse d'un des panneaux de l'escalier de la Cour des Comptes, par Th. Chassériau.

(Collection de M. Frédéric Chassériau.)

la lumière tombe du haut de l'escalier, éclairant comme une arcade de peintures. Les tableaux, séparés par des frises qui courent dans les interstices et dont le gris doré se colore par places, comme du jaspe, se déroulent dans les hauteurs avec leur idée au centre. Cette idée, c'est *l'Ordre* et *la Force,* symbolisés par un homme d'âge mûr et une femme d'aspect imposant et viril, assis sur un trône, s'enlaçant par un bras et tendant l'autre, chacun vers la série de compositions qui ressortent de son pouvoir : la Force vers la muraille de la Guerre, et l'autre vers la muraille de la Paix. Ces deux figures adossées, qui rappellent un peu pour la pose le Neptune et l'Amphytrite de Jules Romain, ont un caractère d'énergie et de grandeur admirable.

« C'était une tâche difficile que de personnifier la Force sous la figure d'une femme. M. Chassériau, tout en donnant à son allégorie des formes soutenues et robustes, n'est pas tombé dans la faute de faire un Hercule Farnèse féminin. C'est surtout par la majesté de l'attitude, par l'autorité irrésistible du regard et le commandement du geste qu'il a caractérisé son ensemble et fait comprendre qu'il s'agissait ici encore bien plus de la force morale que de la force physique. C'est la sœur de cette puissance que Jupiter envoyait à Prométhée. L'Ordre, avec son austérité sereine, son œil pensif et non soucieux, son air résolu sans arrogance, sa pose bien équilibrée, son geste sobre, inspiré des idées de calme, de sécurité et de bien-être, c'est l'économe de l'humanité.

« Auprès du groupe, un grand lion, la patte étendue, la crinière ruisselante, fixe sur le spectateur ses yeux jaunes comme des boucliers fourbis, et déroule les ondulations de sa croupe fauve, escabeau placé sous les pieds de la Force et de l'Ordre.

« Au centre d'un immense panneau, qui occupe toute la paroi du mur, une espèce de sage, de génie, représenté par un homme d'âge, mais dont l'expérience conserve toute la vigueur de la jeunesse, et que les années ont épuisé sans l'affaiblir, distribue à des ouvriers le salaire de leur travail. L'argent, comme on l'a dit mille fois, est le nerf de la guerre ; et si l'abondance est toujours du côté des plus gros bataillons, usons les gros sacs d'écus qui font les gros bataillons. Les équipages, les armements, les vivres, la solde, tout cela ressort de l'administration. Aussi, Bellone immobile, le casque grec en tête, tenant d'une main deux lances de bronze, et de l'autre un grand bouclier, sombre miroir de fer illuminé de vagues reflets, qui couvre sa poitrine et cache une partie de sa robe, teinte dans la pourpre des combats, attend-elle pour s'enrôler que l'homme mûr ait fait ses payements et ses comptes.

« Au premier plan, à droite, des hommes deminus, à tournure de cyclopes et tout rayonnants du

LA PAIX.

Esquisse d'un des panneaux de l'escalier de la Cour des Comptes, par Th. Chassériau.

(Collection de M. Frédéric Chassériau.)

feu de la forge, battent le fer et fabriquent des armes, épées, cuirasses, fers de lance, jetés à terre autour de l'enclume. Un peu plus au fond, des ouvriers, à moitié voilés par la fumée rouge et la flamme trouble d'une fournaise, font chauffer des cercles pour les chars de guerre.

« A gauche, des jeunes gens s'élancent sur leurs chevaux avec des mouvements impétueux et forts qui font penser, pour l'énergie sauvage et la vigueur de l'élan, au fameux carton de la Guerre. Les bataillons s'élancent et se mettent en marche, soulevant la poussière; les bannières se déroulent au vent, les clairons jettent leurs aigres fanfares, les chevaux hennissent et piaffent, et les soldats, la main appuyée sur la croupe de leur monture, se retournent à demi et causent entre eux de la guerre lointaine qu'ils vont faire là-bas de l'autre côté de l'horizon, derrière ces montagnes bleues et roses qui dorent les lueurs de l'aube. Ils peuvent partir tranquilles, rien ne leur manquera. La Sagesse veille sur leur héroïsme, et, sous la tente, ils retrouveront le pain du foyer [1].

« Au-dessous défile une frise de guerriers peints à mi-corps en grisaille et rehaussés, çà et là, de tons de camée, où l'artiste a réuni les différents types des races militaires. Ces têtes, accusées avec beaucoup de vigueur et de finesse, ne

---

[1]. Nous reproduisons l'esquisse de cette composition, qui fait partie de la collection de M. Frédéric Chassériau, le frère de l'auteur.

seraient pas indignes de tourner en spirale autour de la colonne Trajane.

« Plus bas encore, dans le panneau triangulaire qui accompagne l'escalier, M. Chassériau a placé le Retour de la guerre.

« Les guerriers, que l'on a vus partir pleins d'élan, dans la composition supérieure, reviennent victorieux, en ramenant des captifs.

« Des cymbaliers, pressant du genou le flanc de leurs montures fatiguées, heurtent dans l'air le disque frissonnant de leurs cymbales et jouent une marche de triomphe à l'approche des frontières de la patrie.

« Un des soldats est monté sur un coursier qui hennit et dont les naseaux, largement ouverts, semblent frémir à la brise natale; un autre rend la bride à un cheval blanc qui penche le cou; un troisième, du haut de son cheval bai, au front marqué d'une étoile blanche, regarde et dirige un groupe de captifs.

« Les prisonniers, de tournure exotique, caractérisent la guerre de races la moins stupide et la moins terrible de toutes, car elle est le lien mystérieux qui unit la civilisation à la barbarie.

« Près de l'escadron des soldats, marche la tourbe des captifs, acceptant leur sort ou le maudissant; un jeune homme qui se détache sur les nuages rouges du soir gémit et se lamente. Une négresse, déjà ployée à l'esclavage, suit la file en essuyant ses larmes; deux femmes, la première, brune et dorée comme avec un rayon de soleil, ses noirs cheveux nattés et noués avec des perles, montrant ses chaudes épaules et ses reins fauves sous lesquels glisse une draperie d'azur, la seconde, blanche, élancée, se renversant dans un mouvement douloureux et tâchant de relever ses mains délicates chargées de chaînes, composent, avec un vieillard traîné par un soldat à pied et bardé de lames de fer, un groupe admirablement pathétique et pittoresque.

« Sur la même ligne que le Départ pour la guerre, se trouve un pendentif sans symétrie, car l'autre côté est occupé par une porte.

« Ce pendentif représente la Justice, qui, dirigée par l'Ordre, fait une irruption inattendue dans un antre de corruption où se commettent des iniquités contre l'État. La Justice, vêtue d'une tunique blanche sur laquelle voltige un manteau noir, entre avec un geste brusque, ses balances ployées dans sa main crispée, et marche droit aux coupables, dont l'un se cache la figure avec les mains pour se soustraire aux investigations, tandis que l'autre, plus effronté, cherche à dérober le produit de ses concussions, des sacs d'or qui se crèvent et ruissellent; un troisième, effaré, rampe le long du mur comme une bête fauve traquée et cherche une issue qu'il ne trouve pas.

« Au-dessous de ce tableau, la Loi peinte en grisaille, dans une attitude d'impassibilité majestueuse, tient ouvertes et présente aux spectateurs les tables de pierre où sont inscrits des décrets. Cette figure est fort belle.

« Une immense composition couvre la muraille qui fait face aux panneaux que nous venons de décrire et dont elle est le pendant antithétique.

« Au centre de la composition, la Paix, forte et douce, se tient debout, adossée à un tronc d'olivier ; sa tête, admirablement belle, fixe sur les spectateurs ses grands yeux intelligents et expressifs. Sa bouche a le vague sourire de la sérénité. Placée au milieu du tableau, elle attire le regard par un attrait impérieux et semble éclairer ce qui l'avoisine. Elle étend ses bras, d'une grâce vigoureuse, sur des laboureurs occupés aux travaux de la terre et sur un groupe de femmes qui symbolisent les arts. La Poésie tient sa lyre et écoute son âme ; la Peinture, liée à elle par un bras, rappelle l'*ut pictura poesis,* et penche sa tête couronnée de lauriers roses pour étudier les poses des jeunes mères heureuses et sereines qui pressent, pendant la tranquillité de la paix, leurs enfants dans leurs bras.

« Derrière la Poésie et la Peinture, la Tragédie sérieuse, l'œil sombre, les doigts crispés sur son poignard classique ; auprès d'elle, la Comédie rieuse qui babille à son oreille et tient un masque fardé ; un peu plus en avant, l'Architecture, reconnaissable au plan déroulé qu'elle porte à la main, tourne la tête et regarde sur le fond du tableau des ouvriers qui bâtissent une ville. La Sculpture deminue, par l'éclat marmoréen de son torse, fait penser au Paros et au Pentelique, d'où les chefs-d'œuvre sont tirés. Ce corps, moitié chair, moitié marbre, caractérise avec un rare bonheur et une grande originalité, le noble art de Phidias et de Praxitèle. A côté de la Sculpture, la Musique, l'air vague et mystérieux, voilée d'une demi-teinte vaporeuse, l'œil noyé et levé au ciel, la bouche entr'ouverte et laissant échapper comme un brouillard serein, presse son théorbe sur son cœur. Non loin d'elle, la Science, ayant à ses genoux un jeune sauvage, bariolé de tatouages, lui apprend les choses connues et se fait son initiatrice en fait de civilisation.

« De l'autre côté, un groupe de jeunes femmes dont la fraîcheur annonce la santé et le bien-être, allaitant de beaux enfants, les font sauter dans leurs bras ou les endorment en chantant des *lullaby*. On ne saurait rien imaginer de plus gai, de plus frais, de plus souriant que ces belles créatures dorées par une douce lumière.

« Auprès d'elles, sur un tas de gerbes que le bluet et le coquelicot piquent d'étincelles bleues et rouges, dorment, nonchalamment étendus, les moissonneurs fatigués, attendant que Thestylis leur apporte le repas de midi; plus loin, au second plan, des bouviers poussent dans un chemin creux des attelages de ces grands bœufs qu'on voit dans la campagne de Rome, et dont les formes majestueuses semblent taillées exprès pour les bas-reliefs et les frontons. Sur le même plan, plus à droite, s'élève une ville en construction. Les ouvriers assujettissent des charpentes, traînent des blocs, montent des pierres, en faisant la chaîne, et donnent le spectacle de l'activité humaine qui se développe dans la paix[1].

« Sous cette éclatante et tranquille composition, s'allonge une frise en grisailles, représentant une bachante antique, un jeune garçon, couché sur le ventre, la tête vacillante et l'heureuse source de l'ivresse dans les yeux et sur les lèvres, écrasant des raisins dans un cratère. D'autres jeunes filles et jeunes éphèbes, les cheveux dénoués, les tuniques flottantes, portant des grappes pareilles à celles de la terre promise, se jouent avec mille charmants caprices, à travers des pampres et des guirlandes. »

Ces peintures n'ont pas été complètement détruites; il en subsiste encore quelques parties, que le feu n'a pas endommagées irréparablement. Seul le grand panneau de gauche, représentant la Guerre, est tout à fait brûlé. La Paix n'a été atteinte qu'en partie. Le groupe de l'Ordre et la Force est encore visible. Néanmoins, l'œuvre est perdue dans son ensemble. Après la Commune, sur

1. Nous reproduisons l'esquisse de cette composition qui fait, de même que la première, partie de la collection de M. Fr. Chassériau.

la demande de M. F. Chassériau, ancien conseiller d'État, frère du jeune maître regretté, quelques mesures furent prises par l'administration des Beaux-Arts pour assurer la conservation de ce qui restait de cette superbe décoration. On tendit des toiles sur les panneaux pour les protéger contre les intempéries et contre le soleil. Les grisailles furent recouvertes de plusieurs couches de papier. Aujourd'hui, à l'exception de ce dernier travail, exécuté très soigneusement par les ouvriers du Musée du Louvre, tout se trouve dans le même état que le lendemain du sinistre; ou plutôt le vent, la pluie, le soleil achèvent chaque jour la besogne de destruction commencée par le pétrole. Le vent a enlevé ou déchiré la plupart des toiles; il n'en reste plus que des lambeaux sordides, qui, au moindre souffle, promènent sur les malheureuses peintures toute la poussière dont ils sont chargés. Ce qui restait au lendemain du 22 mai de l'œuvre considérable de Chassériau méritait d'être précieusement conservé ou tout au moins d'être copié. La mémoire de l'artiste sera privée auprès de la postérité du plus beau témoignage de son talent vigoureux et original, auquel certains de ses contemporains n'ont point rendu l'hommage éclatant qu'il mérite.

Chassériau en avait fait son chef-d'œuvre; il y avait mis toute son âme d'artiste, toute son ardeur de jeune homme; il l'avait exécuté en quatre ans.

Il en avait obtenu la commande à la suite de circonstances assez curieuses. Un soir, Frédéric et Théodore Chassériau étaient en visite chez M. Alexis de Tocqueville. Celui-ci dit à Frédéric que son frère paraissait bien triste.

« En effet, lui répondit M. F. Chassériau, on lui refuse la demande d'une décoration murale dans un monument de Paris.

— De qui cela dépend-il? demanda M. Alexis de Tocqueville.

— Du ministère de l'intérieur.

— Ah! reprit M. de Tocqueville, ce n'est que cela, je m'en charge. Tranquillisez votre frère. »

M. Vitet, député, était ami très intime du comte Duchâtel, ministre de l'intérieur et son conseil en matière d'art. M. Vitet avait posé sa candidature à l'Académie française, dont M. Alexis de Tocqueville était membre. « Mon cher ami, lui dit l'académicien, donnant pour donnant. Je vous promets ma voix, à la condition *sine qua non,* que Chassériau ait sa muraille. »

Quelques jours après, Chassériau recevait la commande de la partie du haut de l'escalier de la Cour des Comptes; on lui allouait pour ce travail une somme de 30,000 francs. Lorsque le jeune peintre se trouva en présence du grand escalier, il se dit : « Une telle décoration exige de l'unité dans la conception et l'exécution. Je ferai tout. » Il fait alors préparer toutes les parois de l'escalier, et, sans rien dire à personne, il esquisse la composition entière. Lorsqu'il eut achevé ce travail, il pria M. Vitet de venir le voir. En présence de cette conception, M. Vitet poussa un cri d'exclamation, et, frappant sur l'épaule du jeune homme, lui dit : « Vous êtes un grand artiste et un homme comme je les aime ; vous êtes chargé de la décoration complète de l'escalier de la Cour des Comptes. »

Son œuvre terminée en 1848, Théodore Chassériau n'eut même pas la pensée de demander, dans la situation financière où se trouvait la France depuis la révolution de février, l'indemnité qui lui avait été promise pour avoir substitué le tout à la partie commandée administrativement.

Dans la salle dite des Pas-Perdus, donnant accès à la salle des séances de la Cour des Comptes, M. Gendron avait peint douze grandes compositions, se développant sur une vaste superficie comprise entre la corniche et le plafond vitré par où pénétrait la lumière. Dans les quatre compartiments principaux, des figures allégoriques, de quinze pieds de hauteur, personnifiaient les Heures du jour. Huit panneaux d'environ sept pieds de dimension flanquaient ces figures ; ils reproduisaient les phases diverses de l'existence humaine, depuis la naissance jusqu'à la mort, en servant de commentaires ingénieux aux compositions précédentes. « La peinture de chaque moment de la journée correspond à la peinture des faits successifs que le cours des années amène[1]. L'Aurore a pour complément des scènes gracieuses exprimant l'aurore de la vie : à côté du Matin figure la Jeunesse, partagée entre l'Activité et l'Amour ; les secondes occupations de l'âge mûr s'accordent avec la force productive et la beauté pleine du midi ; aussi l'heure où le jour expire est aussi celle de la mort et du deuil. Les figures personnifiant les Heures sont traitées dans un goût mythologique. Les sujets qui les accompagnent et les expliquent ont eux-mêmes un caractère sinon ouvertement profane, au moins assez éloigné du caractère religieux. »

A chaque coin de la porte d'entrée de la salle des séances, M. Gendron avait peint deux panneaux de douze pieds de haut : *le Travail* et *la Paix*. Deux compositions de M. Jean Gigoux, de mêmes dimensions, *la Moisson* et *la Vendange,* dont nous donnons les reproductions, complétaient la décoration de la salle des Pas-Perdus. De tout cela il ne reste plus aucune trace dans le palais : l'incendie a tout dévoré.

Dans la salle d'attente du Conseil d'État, l'on remarquait un grand tableau de M. Landelle, représentant la Loi, la Justice et le Droit.

Dans la grande salle se trouvait un portrait en pied de Barbé-Marbois, peint par Robert Lefèbre ;

---

1. H. Delaborde, *Revue des Deux Mondes*.

LA MOISS
(Cro

F. GIGOUX.
(ISTE.)

dans la grand'chambre, un buste de Napoléon Ier, en marbre, dont l'auteur nous est inconnu; les portraits en pied de Napoléon Ier et de Napoléon III, et un tableau représentant « Saint Louis législateur », par Allard; les portraits d'Étienne Dupasquier, de l'Hôpital, de Nicolaï et de Barbé-Marbois.

Dans la section de Législation au Conseil d'État étaient quatre tableaux : l'Empereur Justinien composant les Institutes, par Delacroix; Solon dictant ses lois, par Papety; Moyse, par Thomas, et Numa Pompilius par un artiste dont nous n'avons pu retrouver le nom.

Le tableau de Delacroix avait été exécuté en 1826 et exposé à l'Exposition universelle de 1855. L'empereur Justinien était vu de face, assis sur un siège de forme antique, vêtu d'une longue robe blanche, et le front ceint de la couronne impériale. Près de lui, à gauche, un scribe écrivait sous sa dictée; à droite, un génie montrait à Justinien les tables de la loi juive. Hauteur du tableau : $3^m,71$, largeur $2^m,76$. Une esquisse haute de 55 centimètres figurait à la vente posthume du maître et avait été acquise par Corot. Mais cette esquisse est loin de présenter l'idée définitive du tableau du Conseil d'État. Elle a été sensiblement modifiée. M. Ph. Burty possède une autre esquisse, très belle de couleur, la pensée première de la composition.

Dans la section de l'Intérieur étaient placés le portrait de Napoléon III, par H. Flandrin, et Napoléon Ier par Cornu.

Dans la section du Contentieux, trois grands tableaux : le président Mathieu Molé, de Thomas ; le président Duranty, de Paul Delaroche, et le président du Harlay, de Thomas. Ce tableau est le seul qui ait été sauvé ; il se trouvait, au moment de l'incendie, au Louvre, où il avait été envoyé pour être restauré. Au-dessus des portes, dans cette salle, l'on remarquait des médaillons en camaïeu d'une excellente exécution, représentant le comte Siméon, le conseiller d'État Allaut; dans la salle de la section des Finances, un portrait analogue du comte Béranger; dans la section de la Guerre et de la Marine, celui du président Brisson. Une vue du Port de Marseille, par Isabey, d'une très grande valeur, décorait la salle de la section des Travaux publics.

La grande salle était ornée de grisailles intéressantes de Laurent Jan, de médaillons contenant les portraits de Vauban, Turgot, Richelieu, Colbert, d'Aguesseau, Sully, l'Hôpital, Suger, Cambacérès, Portalis, Joseph Boulay (de la Meurthe), Ginoux de Fermond, baron Louis, Fourcroy, comte Treilhard, Regnault de Saint-Jean-d'Angely, Bigot de Preameneu. — Le plafond était décoré de peintures allégoriques représentant la Foi, l'Espérance et la Charité.

LA VENDAN
(Fac-simil

F. GIGOUX.
aphie.)

Dans la section de Législature, sur la cheminée, était un buste de Napoléon Ier ; et, à la Bibliothèque, celui de Cuvier.

A la Cour des Comptes, dans la salle des audiences, on admirait beaucoup un Christ attribué à Jacques Dumont, dit le Romain (1700-1781).

Dans diverses chambres se trouvaient des anciens bureaux du xviiie siècle, des merveilles d'ébénisterie ; des paravents en tapisseries des Gobelins, qui provenaient de l'ancienne Cour des Comptes et du Tribunat. Ces tapisseries avaient été exécutées sous Louis XIV, dont elles portaient les armoiries et le chiffre, accompagnés d'emblèmes divers. Chez le premier président et dans le couloir de la troisième chambre, nous signalerons deux horloges superbes et plusieurs pendules en bronze doré du xviiie siècle.

Un des objets d'art les plus précieux qui ont disparu, est un tableau votif, peint et donné à la Chambre des Comptes de Paris par Louise Hollandine, princesse palatine de Bavière, abbesse de Maubuisson et sœur du Régent. Ce tableau représentait la Justice sous la forme d'une jeune femme revêtue d'un grand manteau blanc, parsemé de fleurs de lis, trônant dans le ciel sur des nuages et entourée d'anges. Au-dessous des nuages l'on apercevait la Seine et la galerie du Louvre du bas de l'eau. D'après Germain Brice, ce tableau avait été donné par la princesse palatine à la Cour des Comptes en témoignage de reconnaissance pour l'enregistrement d'un acte qui intéressait son couvent. A ses heures de loisir, l'abbesse de Maubuisson peignait des tableaux pour son abbaye, pour les paroisses et les monastères voisins. Dans la notice qui lui est consacrée dans le *Gallia christiana*, au chapitre de Maubuisson, nous lisons les lignes suivantes, qui font mention de son talent d'artiste en termes des plus flatteurs : *Pingere gnara, gentilitia in altaris latere depicta, insignia delevit, pluresque tabellas tam pro domo quam pro vicinis parochiis ipsa depinxit.* Ce curieux ex-voto était placé dans la salle des séances de la première chambre.

La bibliothèque du Conseil d'État, originairement créée par le Tribunat, était fort riche. En outre des documents administratifs, des grandes collections modernes publiées par le gouvernement, elle contenait des livres anciens rarissimes, de superbes reliures en maroquin aux armes de France. La bibliothèque de la Cour des Comptes n'était pas moins précieuse. Tout a été brûlé.

M. le baron de Guilhermy, conseiller maître à la Cour des Comptes, avait installé depuis longtemps dans son cabinet une bibliothèque précieuse, composée d'ouvrages sur l'archéologie du moyen âge. Il l'avait formée avec un soin religieux et développée avec passion en même temps que cette science, dont il est un des créateurs. Il n'en est pas resté un seul volume.

Un ancien maître des requêtes, M. Edmond Taigny, a bien voulu nous donner les notes suivantes sur les pertes particulières qu'il a éprouvées également dans l'incendie du palais du quai d'Orsay :

« Un concours tout à fait fortuit de circonstances sur lesquelles il serait trop long de m'appesantir, m'avait conduit, quelques jours après le 4 septembre, à déposer au Conseil d'État les objets précieux formant mes collections. L'économe du conseil m'avait indiqué un réduit obscur, servant d'entrepôt pour les tapis et situé au-dessus du cabinet de notre président, dans le coin en retraite, à l'angle gauche du monument. Cette soupente était si bien dissimulée que les agents de la Commune l'ont toujours ignorée. Deux de mes collègues avaient eu la même idée que moi. M. Chassériau avait apporté plusieurs caisses contenant des dessins et des tableaux qui venaient de la succession de son frère, l'auteur des fresques qui ornaient l'escalier de la Cour des Comptes. Le marquis de Bolbœuf y avait déposé son argenterie.

« Ma collection comprenait deux natures distinctes d'objets. Premièrement, des tableaux et dessins ; en second lieu la plus grande et la plus précieuse partie de mes richesses orientales.

« Parmi les tableaux, je vous citerai :

« 1° Un très beau portrait de l'école italienne ;

« 2° Trois portraits authentiques de personnages de la cour des Valois, de Clouet ;

« 3° Un portrait de la cour d'Henri VIII, par Carl de Heer ;

« 4° Une tête de femme, de Ricard et sa belle copie de l'*Ariane abandonnée,* faite au Musée de Madrid d'après le Titien ;

« 5° Un tête d'enfant de chœur, par Henriette Brown ;

« 6° Un tableau d'Eugène Isabey, représentant un intérieur d'église sous les Valois ;

« 7° Deux tableaux de genre, de Pasini ;

« 8° Un Cardinal, par Heilbuth et le portrait de ma femme, par le même ;

« 9° Les deux portraits de mes filles, par Dubuffe ;

« 10° Deux délicieuses toiles de de Nittis.

« Enfin quelques miniatures et dessins de Cochin, Moreau, Eisen, etc.

« Ma collection orientale se composait d'une belle série de jades et matières dures, de cristaux de roche, d'émaux cloisonnés ; ces pièces achetées dans les années qui suivirent l'expédition de Chine, étaient de premier choix et auraient aujourd'hui une très grande valeur. Ajoutez une centaine d'ivoires japonais très fins, un grand choix de porcelaines rares et de laques anciennes, des bronzes niellés d'or et d'argent, une grande partie de mon argenterie, dont beaucoup de pièces de vieux Paris et les bijoux, éventails et dentelles de ma femme. Je crois inutile de vous donner une description détaillée de ces objets. Il suffira de les mentionner pour que les amateurs comprennent l'étendue de la perte que j'ai subie. Elle peut être évaluée à 110,000 francs dépensés par moi, mais la valeur marchande serait actuellement d'au moins 150,000 francs.

« Dans les fouilles qui ont été pratiquées pour le déblayement de l'édifice, j'ai pu recueillir quelques débris fort curieux au point de vue scientifique. C'est un amalgame étrange de matières calcinées, où se retrouvent avec des transformations chimiques et des tons indéfinissables les scories de ces ingrédients précieux. Mais aucun objet n'est sorti intact. Les ivoires se sont racornis sans perdre leur forme complètement. Les jades sont devenus des dépôts blanchâtres de calcaire ; toute la partie vitrifiable des émaux, porcelaines, a fondu. Il a fallu pour cela un feu plutonien. »

Tel est le triste bilan des pertes subies par l'art français dans l'incendie du palais du Conseil d'État et de la Cour des Comptes. Elles sont considérables comme on voit : l'œuvre capitale d'un grand artiste a été mutilée, presque anéantie[1]; des tableaux très remarquables ont été détruits. Si quelques-unes des peintures qui décoraient cet édifice n'avaient, au point de vue artistique, qu'une valeur secondaire, elles présentaient du moins un certain intérêt comme documents historiques. Leur disparition est donc fort regrettable.

Au moment où ces notes paraissent, le palais est encore à l'état de ruines; mais nous avons tout lieu de croire qu'il sera rasé très prochainement, pour faire place à de nouvelles constructions destinées au service de l'État. Personne ne s'en plaindra. On n'a conservé que trop longtemps ce douloureux témoignage de nos discordes civiles.

---

1. Ce qui reste des peintures de Théodore Chassériau sera conservé. Si le palais est démoli, on transportera au Musée du Louvre les panneaux intacts.

FIN

www.ingramcontent.com/pod-product-compliance
Lightning Source LLC
LaVergne TN
LVHW021742080426
835510LV00010B/1326